구석구석 세계 지도와 함께 보는

동물 아틀라스

닉 크롬턴 글 | 가이아 보르디치아 그림 | 당연증 옮김

베틀·북
BETTER BOOKS

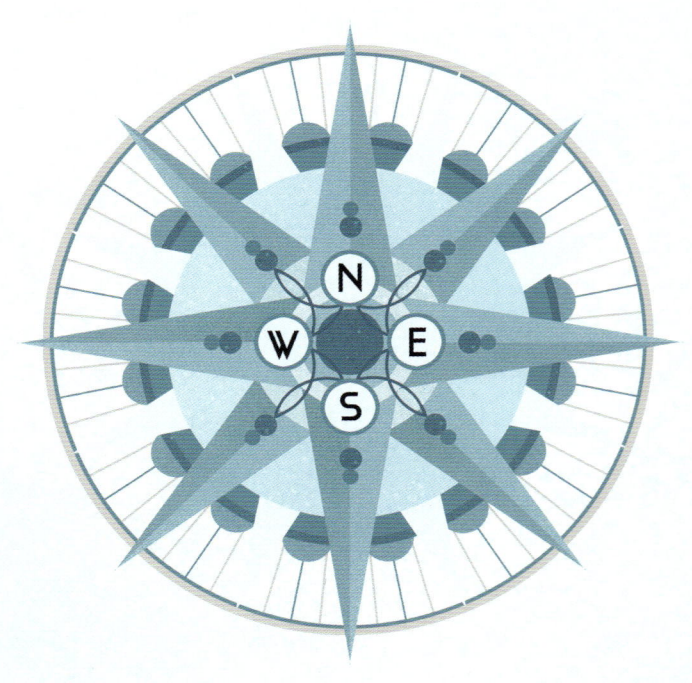

나이젤 콜린스를 위해 _ 닉 크롬턴

나의 아들 엘리아를 위해 _ 가이아 보르디치아

현서, 현호, 현비를 위해 _ 옮긴이

생명의 나무	8
동물의 세계	10
북극 지방	12
북아메리카 대륙	14
로키산맥	15
북아메리카의 사막	16
하와이	18
에버글레이즈	19
중앙아메리카와 남아메리카	20
안데스산맥	22
갈라파고스 제도	23
유럽	24
아시아	26
사막과 스텝	27
히말라야산맥	28
동아시아	29
인도	30
동남아시아	31
아프리카	32
열대 우림	33
사막	34
마다가스카르	35
오세아니아	36
오스트레일리아	38
뉴질랜드	39
남극 대륙	40
위기에 빠진 동물들	42
지구를 지키자	44
동물 찾아보기	46

생명의 나무

우리 지구는 동물들로 가득 차 있어요. 지금까지 알려진 동물만 1백만 종이 넘어요. 아직 발견하지 못한 것까지 포함하면 지구에 적게는 5백만 종, 많게는 1억 종의 동물이 있을 거예요. 이 많은 종을 어떻게 기록할까요? 모든 동물을 하나하나 적을 수도 있겠지만, 비슷한 동물끼리 나누고 그 나눈 동물들끼리 얼마나 가까운지 나타내는 생명의 나무(계통도)를 이용하면 좀 더 쉽게 기록하고 이해할 수 있을 거예요.

동물의 세계

동물은 다른 동물이나 주위 환경과 영향을 주고받아요. 모두가 거대한 거미줄 위에 있는 것처럼 서로 연결되었지요. 거미줄처럼 서로 연결되어 있는 동식물과 주위 환경을 합쳐 생태계라고 해요.

동물이나 식물이 사는 곳을 서식지라고 하는데, 동물마다 생김새와 살아가는 모습이 다른 것은 서로 다른 서식지에 적응했기 때문이에요.

낙엽수림

나뭇잎은 수많은 동물의 먹이가 되었다가 가을이 되면 땅에 떨어져 흙으로 돌아가요. 낙엽수림은 사계절이 뚜렷한 지역에서 볼 수 있는데, 주로 위도 40도 내지 60도에 있어요.

열대 우림

높은 기온과 비가 많이 오는 날씨 덕분에 숲의 나무들이 매우 크고 빽빽하게 자랄 수 있어요. 식물뿐만 아니라 동물도 매우 다양해요. 아마존 열대 우림에만 지구상에 알려진 종의 십분의 일이 살고 있어요.

바다

바다는 강어귀와 암초 지대뿐만 아니라 깊은 바닷속과 해저를 포함해요. 지구 표면의 71퍼센트를 덮고 있어요. 하지만 바다 대부분은 아직 탐사되지 않은 채 남아 있어요.

산맥

산맥은 지질 구조판이 서로 충돌할 때 만들어져요. 지대가 높을수록 춥고 경사도 급해요. 지질 구조판의 움직임에 따라 산맥 모양이 조금씩 변하고 있어요. 몇몇 동물은 높은 고도에 잘 적응해 그곳에서 새끼를 낳고 살아가요.

극지방과 툰드라

극지방과 툰드라는 지구 북쪽과 남쪽 끝에 있어요. 툰드라는 너무 추워서 다 자라는 데 여러 해가 걸리는 이끼와 지의류를 제외하면 어떤 식물도 살 수 없어요.

침엽수림

북반구에서 가장 흔한 숲은 침엽수림이에요.
침엽수림 나무의 잎은 작은 바늘 모양이어서 수분이 잘 증발되지 않고 추위를 견디는 데도 유리해요.
추운 계절이 오면 먹이가 부족한 탓에 많은 북반구 동물은 에너지를 절약하기 위해 겨울잠을 자요.

민물

민물 서식지는 늪지, 연못, 강과 습지를 포함해요.
대부분의 민물은 바위와 흙에 갇혀 있어요.
전체의 1퍼센트가 안 되는 민물이 땅 밖으로 드러나 강과 호수 그리고 늪이 만들어져요.

초원

초원은 기온이 높은 적도 근처에 주로 나타나요.
이곳에서는 먹이와 물을 찾아 무리를 지어 이동하는 초식 동물을 육식 동물이 노리고 뒤쫓아요.

적 도

관목 지대

남아프리카부터 오스트레일리아에 걸쳐 비가 적게 내리는 남반구 지역에 주로 관목 지대가 있어요.
다육 식물들은 공기 중의 습기까지 붙잡아 잎이나 줄기에 수분을 저장하는데, 목마른 동물들로부터 스스로를 지키기 위해 가시를 지니고 있기도 해요.

사막

모든 생명체는 살기 위해 물이 필요해요.
하지만 사막에는 물이 거의 없어요.
가장 큰 사막은 남극 대륙이에요.
너무 춥기 때문에 얼음이 녹지 않아 물이 없어요.

북극 지방

북극 지방은 '백야의 땅'이라고도 불러요. 겨울에 해가 뜨지 않지만 여름에는 밤에도 해가 떠 있기 때문이에요. 겨울이 되면 모든 바다가 얼어 동물들은 북극을 가로질러 이동할 수 있어요.

알고 있나요?

매우 빠르게 헤엄칠 수 있는 하프물범은 바닷속에서 15분 이상 숨을 참을 수 있어요.

흰올빼미
Bubo scandiacus

일각돌고래
Monodon monoceros

하프물범의 새끼
Pagophilus groenlandicus

북극의 고래

'바다의 유니콘'으로 알려진 일각돌고래는 길게 뻗은 나사꼴 엄니로 유명해요. 대왕고래(흰긴수염고래) 다음으로 무거운 북극고래는 지구상의 동물 중 입이 가장 커요. 흰고래는 딸깍거리거나 끙끙거리거나 꽥꽥거리거나 휘파람을 부는 등 다양한 소리를 내기 때문에 '바다의 카나리아'라는 별명을 얻었어요.

북극고래
Balaena mysticetus

북극곰

추위를 이기기 위해 두꺼운 흰 털을 가졌지만 피부는 코, 발바닥과 마찬가지로 검은색이에요. 북극곰은 1킬로미터나 떨어져 있는 먹잇감뿐 아니라 1미터 깊이의 눈 속 먹잇감의 냄새도 맡을 수 있어요. 주로 혼자 생활하지만, 어미 곰은 새끼들을 정성 들여 키우는 것으로 유명해요.

북극곰
Ursus maritimus

흰고래
Delphinapterus leucas

북태평양 · 베링해 · 미국 · 캐나다 · 북극 · 허드슨만 · 배핀만 · 그린란드 · 래브라도해 · 그린란드해 · 북대서양 · 아이슬란드 · 영

흰올빼미

흰올빼미는 다른 올빼미들과 다르게 낮에 사냥해요. 시각과 청각을 이용해 먹이의 위치를 알아내요. 하얀 깃털 덕분에 눈이 뒤덮인 곳에서 사냥감이 눈치채지 않게 사냥할 수 있어요.

계절에 따라 다른 털색

북극여우를 비롯한 많은 북극 동물은 겨울과 여름의 털색이 달라요. 겨울에는 주위가 온통 눈으로 뒤덮여 있지만 여름에는 눈이 녹아 땅이 드러나기 때문이에요. 북극토끼는 겨울에 귀 끝의 검은 반점을 빼면 모두 흰색이에요. 무리를 이루어 사는데, 3천 마리가 넘게 떼를 지어 같은 방향으로 달리다가 거의 동시에 방향을 바꾸는 모습은 정말 볼 만하지요.

북극여우
Vulpes lagopus

북극토끼
Lepus arcticus

가장 긴 이빨

바다코끼리는 몸길이 3.6미터, 몸무게 2톤이 넘는 것도 많아요. 물속에 깊이 잠수한 뒤 1미터나 되는 엄니를 이용해 바다 밑바닥에 있는 무척추동물과 연체동물을 잡아먹어요.

북극제비갈매기

북극제비갈매기
Sterna paradisaea

북극제비갈매기는 가장 긴 거리를 이동하는 동물이에요. 해마다 북극과 남극을 오가며 7만 900킬로미터나 이동한다고 해요.

바다코끼리
Odobenus rosmarus

사향소
Ovibos moschatus

슬픈 사향소

사향소는 인간의 환경 파괴와 기후 변화 때문에 아주 적은 수만 남게 된 대형 동물들 중 하나예요. 포식 동물의 위협을 받으면 영리한 방어 행동을 보이는데, 어린 새끼들을 가운데 두고 둥근 원 모양을 만들어 보호해요.

북아메리카 대륙

북아메리카 대륙은 오랫동안 원주민들이 자연과 함께 살던 곳이에요. 지금은 미국, 캐나다가 자리 잡고 있어요. 그사이 엄청나게 증가한 인구 때문에 자연이 크게 훼손되었지만, 아직도 예전 모습 그대로의 야생 지역이 많이 남아 있어요.

연어의 일생

알을 낳는 시기가 되면 바다에서 자신이 태어난 곳으로 돌아오는 연어는 모습이 크게 변해요. 몸 색깔이 붉게 변하는데, 특히 수컷은 등이 솟아오르고 입이 갈고리 모양으로 변하는 데다 송곳니까지 생겨요.

알 / 산란기 연어(수컷) / 치어 / 홍연어 *Oncorhynchus nerka* / 바다 연어 / 새끼 연어 / 성장기 연어

회색곰
Ursus arctos horribilis

연어 사냥

여름이 되면 바다로부터 많은 연어가 세찬 물살을 거슬러 자신이 태어난 강이나 계곡으로 돌아와요. 이때 회색곰은 폭포나 여울에서 연어를 사냥해요.

회색늑대

회색늑대는 갯과 동물 중 가장 크고 매우 똑똑해요. 떼 지어 사냥하는데, 자신보다 열 배나 큰 동물을 사냥하기도 해요.

회색늑대
Canis lupus

대초원

키가 큰 풀로 뒤덮인 대초원은 아메리카들소, 엘크와 프레리도그의 고향이에요. 유럽인들이 대서양을 건너와 농사를 짓기 시작하면서 그 크기가 원래 크기의 2퍼센트로 줄었어요. 위기에 처한 서식지로 보호가 필요해요.

아메리카들소
Bison bison

엘크
Cervus canadensis

거니슨프레리도그
Cynomys gunnisoni

로키산맥

총 길이 4,500킬로미터에 이르는 로키산맥은 그곳 기후와 환경에 완벽하게 적응한 여러 동물의 보금자리예요. 로키산맥 동물들은 한때 멸종 위기에 처하기도 했지만, 지금은 곳곳에 마련된 야생 동물 보호 구역에서 잘 살고 있어요.

울버린
Gulo gulo

보브캣
Lynx rufus

작지만 강한 동물들

몸집이 작은 울버린은 고래 시체까지 먹어치운다고 알려져 있고, 심지어 회색곰의 코밑에 있는 먹이를 훔치기도 해요. 보브캣은 자신보다 몸집이 열 배나 큰 동물을 사냥하기도 해요. 이 보브캣은 참을성 많은 야행성 사냥꾼으로 북아메리카 대륙에 가장 넓게 서식하는 고양잇과 동물이에요.

산파랑지빠귀
Sialia currucoides

말코손바닥사슴
Alces alces

그레이트베어호
그레이트슬레이브호
허드슨만
위니펙호
슈피리어호
휴런호
온타리오호
미시간호
이리호

뿔로 유명한 동물들

수컷 말코손바닥사슴의 뿔은 모든 동물 중 가장 크고, 큰뿔야생양의 굽은 뿔은 그 무게가 나머지 모든 뼈의 무게를 합한 것과 같아요.

알고 있나요?
퓨마는 무시무시한 사냥꾼으로 근육질의 뒷다리가 길어 갑자기 빨리 달리거나 높은 곳에 쉽게 뛰어오를 수 있어요.

퓨마
Puma concolor

큰뿔야생양
Ovis canadensis

북아메리카의 사막

북아메리카 대륙에는 사막이 여러 곳 있는데, 이 사막에는 환경에 알맞게 진화한 독특한 동물이 많이 살아요. 뜨거운 열기를 견딜 수 있도록 진화한 동물들이에요.

코요테
Canis latrans

그레이트베이슨사막
모하비사막
소노란사막

모하비방울뱀
Crotalus scutulatus

건드리지 마!

모하비방울뱀은 북아메리카에 사는 뱀들 중 가장 무서운 독을 가지고 있어요. 위협을 느끼면 똬리를 튼 자세로 방울 소리를 내어 경고해요. 호저는 배를 제외한 몸 전체를 3만 개가 넘는 날카로운 가시가 뒤덮고 있어요.

사막의 사냥꾼들

키트여우는 찌는 듯한 사막에서 큰 귀로 몸의 열을 내보내요. 이 귀는 산토끼와 프레리도그 같은 사냥감이 내는 작은 소리를 듣기도 해요. 늑대보다 작은 코요테는 매우 빠른 북아메리카 포유동물들 중 하나로 달리는 속도가 시속 65킬로미터나 돼요.

키트여우
Vulpes macrotis

북아메리카호저
Erethizon dorsatum

아메리카독도마뱀

북아메리카에서 가장 큰 도마뱀인 아메리카독도마뱀은 독 이빨을 가지고 있어요. 대부분의 시간을 땅 밑에 있는 굴에서 지내는데, 큰 꼬리에 저장한 에너지 덕분에 수개월을 먹지 않고도 견딜 수 있어요.

로드러너

도로경주뻐꾸기라고도 하는 이 독특한 새 이름은 자동차가 다니는 도로 위를 달리는 이상한 버릇 때문에 생겼어요.

큰로드러너
Geococcyx californianus

아메리카독도마뱀
Heloderma suspectum

하와이

미국 샌프란시스코 서쪽에 하와이 제도가 있어요. 이 섬들은 바닷속에서 화산이 폭발하면서 생겨났어요. 화산 꼭대기들이 여러 섬이 되었어요.

에우피테시아나방 애벌레
Eupithecia orichloris

하와이휜박쥐
Lasiurus cinereus semotus

니하우섬 / 카우아이섬 / 오아후섬 / 몰로카이섬 / 라나이섬 / 마우이섬 / 카훌라웨섬 / 하와이섬

태평양

검은가슴물떼새
Pluvialis fulva

새 관찰의 천국

하와이는 새를 관찰하기 아주 좋은 곳이에요. 얕은 물가에서는 하와이장다리물떼새나 북극에서 날아오는 검은가슴물떼새를 볼 수 있어요. 꿀을 먹고 사는 다양한 꿀빨기새들도 유명하며, 나무껍질을 벗겨 그 안의 애벌레를 잡아먹기 좋도록 부리가 진화한 아키아폴라우도 볼 수 있어요.

알고 있나요?

하와이 제도에 살고 있는 곤충은 수만 종에 이르는데, 그중 95퍼센트 이상이 다른 지역에는 살지 않아요. 에우피테시아나방 애벌레같이 다른 곤충을 잡아먹는 애벌레도 있어요. 하와이휜박쥐는 초저녁에 하늘을 날아다니며 나방을 비롯한 곤충들을 잡아먹어요.

아키아폴라우
Hemignathus munroi

하와이장다리물떼새
Himantopus mexicanus knudseni

하와이기러기
Branta sandvicensis

새로 생긴 땅

하와이 제도가 처음 생겼을 때는 땅 위에 어떤 동물도 없었기 때문에 날아서 이곳에 올 수 있는 새들과 곤충들에게는 천국 같았어요. 동물은 한 지역에 갇혀 지내면 시간이 지남에 따라 겉모습이 달라져요. 캐나다기러기가 아주 오래전에 섬에 와 살면서 하와이기러기가 되었는데, 지금은 그 두 기러기의 모습이 많이 달라요.

에버글레이즈

아열대 기후의 에버글레이즈 습지에는 야생 동식물이 잘 보존되어 있어요. 풀이 우거진 강 지역을 탐사하기 위해서는 보트를 타는 것이 좋아요.

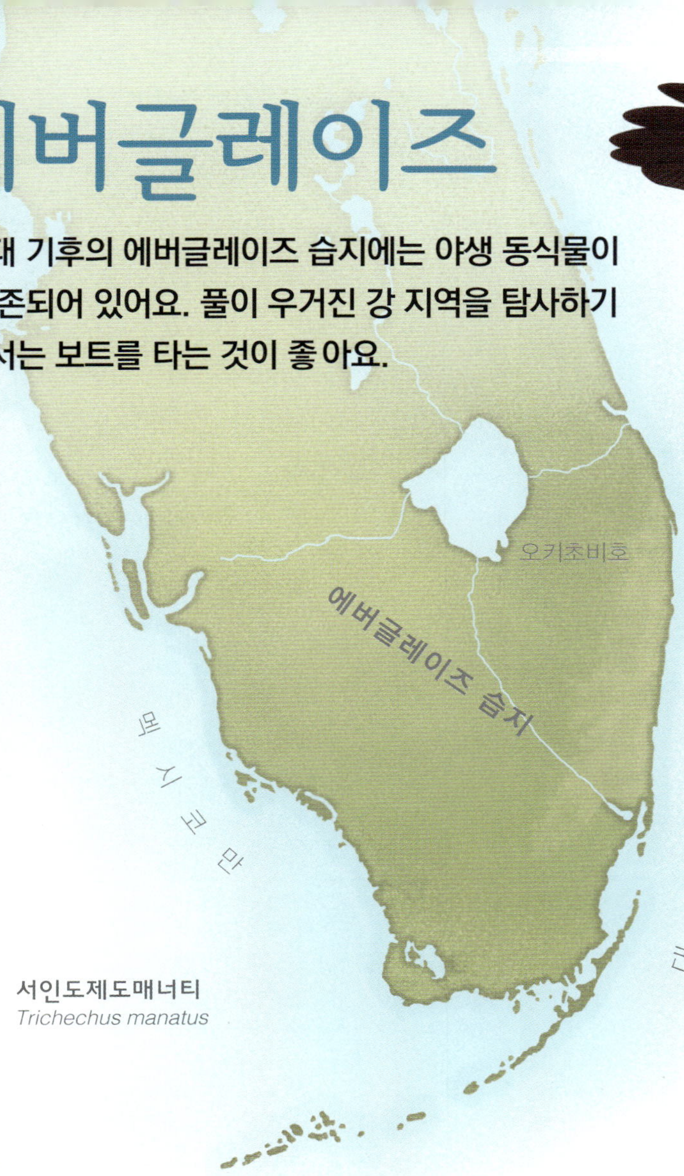

오키초비호
에버글레이즈 습지
멕시코 만
대서양

별난 식성
우렁이솔개는 왕우렁이만 먹는데, 에버글레이즈 습지에는 수백 마리밖에 남아 있지 않아요.

우렁이솔개
Rostrhamus sociabilis

서인도제도매너티
Trichechus manatus

플로리다퓨마
주로 돼지, 사슴, 라쿤을 사냥하는 플로리다퓨마는 참을성 많은 사냥꾼으로 '산사자'라고도 불려요. 하지만 사자는 아니고 퓨마의 한 종류예요.

플로리다퓨마
Puma concolor coryi

알고 있나요?

서인도제도매너티는 포유동물로 뒷다리가 없어요. 이 덩치 큰 동물은 대부분의 시간을 물속에 있는 풀을 먹으면서 지내요.

이스턴인디고뱀
Drymarchon couperi

위험한 파충류 동물들
이스턴인디고뱀은 미국에서 가장 큰 뱀으로 광택이 나는 검푸른 피부를 지녔어요. 길이 2.8미터까지 자라요. 아메리카악어는 땅에 복잡한 굴을 파고 살아요. 짝을 찾을 때는 자기를 돋보이게 하려고 입을 크게 벌려요. 영역을 지키기 위해서는 으르렁거리지요.

아메리카악어
Crocodylus acutus

중앙아메리카와 남아메리카

수백만 년 전 북아메리카 대륙과 남아메리카 대륙이 이동해 충돌하면서 연결되었어요. 육지 동물들은 이쪽저쪽으로 오갈 수 있었지요. 남아메리카에는 북아메리카 포유동물이 들어오면서 독특한 포유동물이 많이 사라졌어요.

멕시코긴코박쥐
Leptonycteris nivalis

흡혈박쥐
Desmodus rotundus

흡혈박쥐

흡혈박쥐는 코에 있는 열감지 기관을 이용해 먹잇감을 찾아요. 먹잇감을 찾으면 땅 위를 걸어 먹잇감에게 다가가요. 먹잇감의 피부에 몰래 상처를 낸 뒤 흘러나오는 피를 핥아 먹어요. 멕시코긴코박쥐 같은 다른 박쥐들은 꽃꿀이나 과일을 먹어요.

짖는원숭이
Alouatta caraya

청독화살개구리
Dendrobates tinctorius "azureus"

열대 우림

열대 우림 지역 나무 위에 사는 짖는원숭이는 목에 소리를 증폭하는 아주 큰 목뿔뼈가 있어요. 그래서 엄청나게 큰 소리로 짖어요. 나무늘보는 나뭇가지를 강하게 붙잡을 수 있는 휘어진 발톱을 지녀 나무에서 떨어지지 않아요.

보호가 필요한 땅

피라냐
Pygocentrus nattereri

빨간눈청개구리
Agalychnis callidryas

코스타리카는 50만 종에 이르는 동물들의 보금자리예요. 청독화살개구리와 빨간눈청개구리 같은 특이한 양서류가 많아요. 농업 때문에 사라지는 동물들을 보호하기 위해 코스타리카 국토의 약 20퍼센트가 자연 보전 구역으로 지정되어 있어요.

호아친
Opisthocomus hoazin

갈색목세발가락나무늘보
Bradypus variegatus

거대한 강

길이가 6,400킬로미터에 이르는 아마존강은 날카로운 이빨을 지닌 피라냐를 비롯한 많은 물고기의 터전이에요. 호아친이라는 새의 새끼는 날개에 발톱이 달려 물에 떨어지더라도 다시 나무에 기어오를 수 있어요.

솔레노돈

솔레노돈
Solenodon paradoxus

동쪽에 위치한 카리브해 섬들에는 솔레노돈이란 이상한 동물이 살고 있어요. 솔레노돈은 독을 가진 포유동물이에요. 긴 코로 땅을 파헤치고 곤충들을 잡아먹어요.

팜파스의 사냥꾼과 사냥감

남아메리카 남쪽에 펼쳐져 있는 팜파스는 따스하고 습기가 많은 땅이에요. 팜파스여우는 아르마딜로를 비롯해 보이는 모든 것을 사냥해요. 아르마딜로는 방패 같은 등딱지를 지녀 여우의 날카로운 이빨을 피할 수 있어요. 애기아르마딜로는 땅에 굴을 파고 숨어 지내요.

팜파스여우
Lycalopex gymnocercus

애기아르마딜로
Chlamyphorus truncatus

아홉띠아르마딜로
Dasypus novemcinctus

알고 있나요?

아홉띠아르마딜로는 태어날 때 쌍둥이나 세쌍둥이가 아닌 모두 똑같은 네쌍둥이로 태어나요.

레아
Rhea americana

레아

팜파스에 살고 있는 가장 큰 새예요. 긴 날개가 있지만 날지는 못해요. 포식자가 나타나면 강한 다리와 발톱이 달린 발을 이용해 시속 56킬로미터 속도로 도망쳐요.

안데스산맥

안데스산맥은 남아메리카 대륙 서쪽에 있는 산맥이에요. 7,000킬로미터나 길게 뻗어 서쪽 해안과 대륙 중심부를 갈라놓고 있어요.

매우 추운 고산 지대

라마와 알파카는 두꺼운 털로 추위를 견뎌요. 추위보다 더 큰 문제는 높은 곳일수록 적어지는 산소예요. 다행히 이 동물들의 피에는 산소를 더 많이 얻도록 도와주는 화학 물질이 있어요. 비슷한 종인 비쿠냐는 해발 5,486미터 되는 페루 안데스 지역에 살았다는 기록이 있어요.

안데스콘도르
Vultur gryphus

안데스콘도르

안데스콘도르는 펼친 날개의 길이가 3미터에 이르는 매우 큰 새예요. 날갯짓을 하기보다 상승 기류를 이용해 하늘로 치솟기 때문에 날아오를 때 매우 적은 에너지를 써요.

알파카
Vicugna pacos

산악맥
Tapirus pinchaque

라마
Lama glama

비쿠냐
Vicugna vicugna

올링귀토
Bassaricyon neblina

안데스 운무림

산맥 저지대의 안데스 운무림에서는 산악맥을 사냥하는 안경곰을 볼 수 있어요. 산악맥도 다른 맥들처럼 긴 코를 지녔고, 몸에 털이 많아 추운 날씨를 견딜 수 있어요.

안경곰
Tremarctos ornatus

알고 있나요?

안데스 운무림에서 새로운 종이 많이 발견되고 있어요. 혼자 생활하는 포유동물인 올링귀토도 그중 하나로 라쿤과 친척이에요. 2013년에 처음 세상에 알려졌어요.

갈라파고스 제도

에콰도르 해안 서쪽으로 약 1,000킬로미터 떨어진 곳에 매우 특별한 19개의 화산섬이 있어요.
바닷속 찬 해류 때문에 기온이 뜨겁지 않고 적당한 양의 비가 내려요.

갈라파고스펭귄
Spheniscus mendiculus

독특한 종들

대부분의 동물은 1,000킬로미터나 되는 바다를 헤엄쳐 건널 수 없어요. 그래서 갈라파고스에는 개구리와 두꺼비가 없어요. 바다를 헤엄쳐 온 동물들은 새로운 환경에 맞게 생김새와 습성이 변했어요.
천적이 없는 거북은 덩치가 매우 커져 초원의 대형 초식 동물처럼 행동해요. 오직 갈라파고스 제도에서만 볼 수 있는 갈라파고스펭귄도 차가운 바닷물 덕분에 섬 주변에서 편안하게 살아요.

갈라파고스땅거북
Chelonoidis nigra

알고 있나요?

도마뱀들이 바닷가 바위에 붙은 해조류를 뜯어 먹는 모습은 매우 낯설어요. 하지만 갈라파고스 제도 바다이구아나는 수백만 년 전 이 섬들에 도착한 뒤 그렇게 살도록 진화했어요.

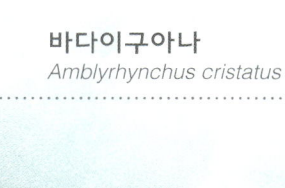
바다이구아나
Amblyrhynchus cristatus

다윈 진화론의 탄생

1855년 갈라파고스 제도를 방문한 찰스 다윈은 5주 동안 머물면서 많은 동식물을 채집하고 관찰했어요. 그때 핀치라고 하는 새들이 겉보기에 비슷해 보였지만 부리가 서로 달랐어요. 영국으로 돌아온 다윈은 여러 해 동안 연구한 끝에 그 핀치들이 같은 조상에서 나온 사실을 알게 되었어요. 서로 다른 섬에 살면서 주어진 환경과 먹이에 알맞게 부리가 서로 다르게 변한 것이지요. 다윈은 갈라파고스 제도를 방문했기 때문에 새로운 종이 탄생하는 비밀을 밝혀낼 수 있었어요. 진화론이 탄생한 거예요.

유럽

옛날 유럽에는 생물이 다양하고 풍부했어요. 아직도 이 거대한 땅에서는 여러 종류의 동물이 다양한 환경에서 살아가고 있어요.

스라소니 *Lynx lynx*

붉은여우 *Vulpes vulpes*

유럽의 숲

만약 숲에 갈 기회가 생긴다면 바닥에 떨어져 있는 잎들을 들추어 보세요. 작은 잎 아래에서도 지네, 쥐며느리, 공벌레 같은 많은 동물이 살고 있어요. 숲에 가장 널리 퍼져 있는 포유동물은 여우일 거예요. 서로 다른 환경에서 살아갈 수 있고 먹이도 안 가리기 때문이에요. 스라소니는 일부 지역에서만 살아가요. 먹는 먹이가 정해져 있기 때문이에요.

송골매 *Falco peregrinus*

검은노래기 *Tachypodoiulus niger*

공벌레 *Armadillidium vulgare*

피레네데스만 *Galemys pyrenaicus*

갈색지네 *Lithobius forficatus*

지중해

프랑스와 스페인 사이 피레네산맥에는 '피레네데스만'이라는 포유동물이 살아요. 두더지의 한 종류인데 굴을 파기보다는 개울에서 헤엄치며 생활해요. 하늘에서는 송골매가 피레네데스만을 노려요. 이 맹금류는 세계에서 가장 빠른 동물이에요. 하늘에서 시속 250킬로미터 속도로 먹이를 덮쳐요.

도마뱀들

스페인에서는 어느 곳을 걷든 도마뱀, 도마뱀붙이, 장지뱀 등을 만나게 돼요. 뱀처럼 생긴 것도 도마뱀의 한 종류예요.

눈알무늬장지뱀 *Timon lepidus*

서부세발가락도마뱀 *Chalcides striatus*

지중해집도마뱀붙이 *Hemidactylus turcicus*

북부 침엽수림

추운 유럽 북부는 늘 푸르고 뾰족한 잎을 지닌 침엽수로 덮여 있어요. 이 지역에는 멧돼지와 불곰이 살아요. 폴란드의 숲을 거닐다 보면 코앞에서 유럽들소를 볼 수도 있어요.

멧돼지
Sus scrofa

불곰
Ursus arctos

유럽들소
Bison bonasus

제왕나방
Saturnia pavonia

알고 있나요?

제왕나방의 더듬이는 머리빗처럼 생겼어요. 제왕나방은 이 더듬이로 우리가 코로 냄새를 맡듯이 공기 중의 화학 물질을 알아내는 놀라운 능력을 지녔어요.

알프스마못
Marmota marmota

최고의 등반가

아이벡스는 수컷이 거대한 뿔을 지녀 알아보기 쉬워요. 아이벡스는 알프스 지역에 잘 적응해 먹이를 찾아 가파른 바위산을 오르내릴 수 있어요.

알파인아이벡스
Capra ibex

신기한 마못

피레네산맥보다 높은 알프스산맥에는 땅딸막한 알프스마못이 풀을 먹으며 큰 무리를 이루고 살아요. 동물은 몸이 크고 둥글수록 추위를 잘 견디는데, 알프스마못은 다람쥣과 동물들 중 가장 큰 편에 들어요. 포식자가 나타나면 서로 끽끽거리며 위험을 알려 주지요.

아시아

인류 최초의 문명이 일어난 지역인 아시아는 지구에서 가장 크면서 인구도 가장 많은 대륙이에요. 서아시아의 타는 듯한 사막부터 겨울에 무척이나 추운 시베리아까지 넓은 지역에 걸쳐 다양한 기후가 나타나요.

야생 갯과 동물과 대형 고양잇과 동물들

너구리는 겨울잠을 자는 유일한 갯과 동물이에요. 대형 고양잇과 동물들은 추위에 더 잘 적응했어요. 눈표범은 공기를 데워 주는 코 안쪽의 넓은 비강, 체온 유지에 유리한 짧은 다리, 매우 두꺼운 털가죽을 지녀 추위에 끄떡없어요. 백두산호랑이는 곰들이 찌꺼기라도 얻어먹으려고 쫓아다닐 정도로 사냥을 잘해요.

너구리
Nyctereutes procyonoides

눈표범
Panthera uncia

백두산호랑이
Panthera tigris altaica

외로운 물범

바이칼호는 지구에서 가장 깊은 호수예요. 일 년의 절반 동안은 얼음으로 덮여 있어요. 바이칼물범은 40만 년 전부터 바이칼호에 살기 시작했는데, 지구상에서 가장 고립되어 있는 물범일 거예요.

바이칼물범
Pusa sibirica

하늘다람쥐
Pteromys volans

알고 있나요?

하늘다람쥐는 비막이라고 하는, 앞다리와 뒷다리 사이의 피부를 펼쳐 날 수 있어요. 땅 위에서 노려보는 너구리를 걱정할 필요 없이 나무와 나무 사이를 날아 이동해요.

사막과 스텝

우크라이나, 카자흐스탄과 몽골에 걸쳐 나무 없이 풀만 자라는 평원이 펼쳐져 있어요. 그 위로 높은 산맥이 솟아 있기도 해요.

사이가산양
Saiga tatarica

고대 산양

사이가산양이 독특한 모습 그대로 빙하 시대부터 이 초원 지역에 살고 있어요. 커다란 코는 여름에 건조한 공기 속에서 먼지를 걸러내고 겨울에 차가운 공기가 폐에 닿기 전에 따뜻하게 해 줘요.

야크
Bos grunniens

알고 있나요?

몽골에 살고 있는 카자흐족은 초원수리를 훈련시켜 여우 등을 사냥해요.

인간과 가축

유라시아 스텝 지역은 말이 최초로 길들여져 가축이 된 지역이에요. 아직도 가장 오래된 경마 대회인 '몽골 더비'가 1,000킬로미터에 걸쳐 펼쳐져요. 야크도 몽골인의 삶과 문화에서 매우 중요해요. 소의 일종인 야크는 길고 텁수룩한 털을 지녀 유라시아의 추운 곳에서 살 수 있어요.

초원수리
Aquila nipalensis

유라시아 순록

시베리아를 대표하는 동물은 순록이에요. 이끼 같은 먹이를 찾아 툰드라를 가로질러 먼 거리를 이동해요. 오늘날에도 사미인, 코미인, 네네츠인 등은 순록과 함께 살고 있어요.

순록
Rangifer tarandus

히말라야산맥

약 5천만 년 전에 인도 대륙과 아시아 대륙이 충돌했어요. 충돌하면서 솟아오른 땅은 세계에서 가장 높은 히말라야산맥이 되었어요.

겨울 벌레, 여름 풀

티베트고원에서는 박쥐나방 애벌레가 번데기가 되어 땅에서 겨울을 나요. 종종 늦여름에 동충하초라고 하는 버섯의 균이 땅속에 있는 애벌레에 침입해 겨울을 보낸 뒤 이듬해 봄에 버섯으로 돋아나요. 이때 죽은 애벌레는 겉모양이 그대로 남아 있어요.

박쥐나방 애벌레
Endoclyta excrescens

네팔의 국조

히말라야비단꿩은 색깔이 무척 화려한 새예요. 이 색깔들은 머리카락이나 눈동자처럼 색소 때문이 아니라 깃털이 빛을 반사하거나 여러 방향으로 흩어지게 해 나타나는 거예요.

히말라야비단꿩
Lophophorus impejanus

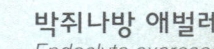

알고 있나요?

히말라야번개깡충거미는 바위와 바위 사이를 뛰어 이동하기 때문에 그런 이름이 붙었어요.

히말라야번개깡충거미
Euophrys omnisuperstes

티베트푸른양과 히말라야산양

높은 산악 지대에 적응한 동물들 중 하나가 티베트푸른양이에요. 발굽을 지닌 다른 동물과 마찬가지로 수컷은 긴 뿔을 지녔어요. 뿔은 주로 짝짓기를 앞두고 수컷끼리 경쟁할 때 사용해요. 높은 지대에 사는 다른 산양으로는 독특하게 생긴 히말라야산양이 있어요. 두 동물 모두 먹은 풀을 게워 내어 씹는 되새김질을 해요.

티베트푸른양
Pseudois nayaur

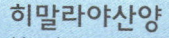

히말라야산양
Hemitragus jemlahicus

동아시아

동아시아에도 여러 나라가 있어요. 타이완, 일본 같은 나라는 섬나라예요. 바다로 둘러싸인 섬에서는 그곳에서만 볼 수 있는 동물들도 살아요.

대왕판다
Ailuropoda melanoleuca

너구리판다
Ailurus fulgens

황금들창코원숭이
Rhinopithecus roxellana

우는토끼
Ochotona hyperborea

두루미
Grus japonensis

중국장수도롱뇽
Andrias davidianus

대나무를 먹는 동물들

대왕판다는 대나무를 먹고 살아요. 앞발에는 5개의 발가락 말고도 대나무를 잘 쥐기 위한, 길게 튀어나온 발목뼈가 있어요. 너구리판다는 대나무를 주로 먹으면서 곤충도 먹어요. 황금들창코원숭이도 대나무를 주로 먹는데, 다른 콜로부스원숭이와 마찬가지로 특별한 위를 지녀 식물 섬유질을 좀 더 쉽게 소화할 수 있어요.

알고 있나요?

중국에는 세계에서 가장 큰 양서류인 남중국장수도롱뇽이 살아요. 몸길이가 2미터 가까이 되지요. 얼마 전까지만 해도 그와 비슷한 종인 중국장수도롱뇽이 가장 큰 줄 알았어요. 일본에 사는 일본장수도롱뇽은 이들보다 좀 작아요. 장수도롱뇽은 물의 진동으로 먹잇감을 알아차릴 만큼 촉각이 발달했어요. 그런가 하면 한반도 북부, 중국, 몽골 등에는 울음소리를 내는 우는토끼가 있어요.

일편단심 두루미

러시아의 시베리아, 중국의 만주, 일본의 홋카이도 등에서 번식하는 두루미는 멸종 위기종이에요. 한국에는 겨울을 나기 위해 강원도 철원, 경기도 파주 등지에 찾아와요. 두루미는 암수가 서로 마주 보며 머리를 숙인다든지 날갯짓하며 높이 뛰어오른다든지 하는 여러 동작으로 사랑 춤을 춰요. 50년 이상 사는 두루미는 한 번 짝을 지으면 평생 함께하는 것으로 알려져 있어요.

인도

인도는 10억 명의 사람이 사는 드넓은 땅이에요. 열대 습지인 남쪽 케랄라부터 사막 지역인 북부 라자스탄까지 수많은 동물도 살고 있어요.

인도코브라

인도에는 악명 높은 뱀이 여러 종 있어요. 그중 인도코브라는 위협을 받으면 몸을 곧추세운 뒤 목을 넓게 부풀려요. 먹이가 되는 동물을 물어 그 동물에 독을 넣어 죽이는 무서운 독사예요.

인도코브라
Naja naja

인도공작
Pavo cristatus

티베트고원
타르사막
히말라야산맥
인더스강
갠지스강
나르마다강
고다바리강
크리슈나강
서고츠산맥
아라비아해
벵골만

화려한 깃털

인도의 유명한 수출품인 인도공작은 전 세계 동물원이나 사파리 공원에서 볼 수 있어요. 인도공작은 원래 숲에 사는데, 땅에서 먹이를 찾아요. 깃털의 눈알 무늬에 있는 검푸른 색은 색소에 의한 것이 아니라 빛이 반사되어 그렇게 보이는 거예요.

인도코끼리
Elephas maximus indicus

인도강돌고래
Platanista gangetica

기나긴 갠지스강

갠지스강은 2,500킬로미터를 흐른 뒤 벵골만으로 흘러드는 아주 큰 강이에요. 인도강돌고래는 흐린 강물 속에서 먹잇감을 찾아요. 다른 모든 돌고래처럼 매우 영리한 사냥꾼이에요.

인도코끼리는 무리 지어 생활하는 동물이에요. 사람들은 4,000년 전부터 무거운 짐을 옮길 때 인도코끼리를 이용했어요. 야생 인도코끼리는 큰 나무를 쓰러뜨리고 옮김으로써 주변 환경을 바꾸기도 해요. 서식지 파괴로 야생 인도코끼리 수가 점점 줄어들고 있어요.

동남아시아

동남아시아는 인도네시아, 필리핀, 미얀마, 말레이시아, 태국, 베트남 등의 나라가 있는 지역이에요. 농경지로 많이 개간되기는 했지만 아직 넓은 숲에 다양한 동물이 살아요.

파에도프리네
Paedophryne dekot

파에도키프리스
Paedocypris progenetica

초소형의 세계

파에도키프리스는 잉엇과에 속하는, 세상에서 가장 작은 물고기예요. 수마트라섬 이탄 늪에서 발견되었어요. 세상에서 가장 작은 개구리인 파에도프리네는 뉴기니에 살아요. 이들은 다 자라 봐야 길이 8밀리미터도 안 돼요.

월리스날개구리
Rhacophorus nigropalmatus

진화론에 영감을 얻다

알프레드 러셀 월리스는 찰스 다윈보다 먼저 진화론을 창시한 생물학자예요. 그는 인도네시아와 말레이시아에서 채집한 생물들에게서 영감을 얻었어요. 그의 이름을 딴 동물이 100여 종 있는데, 그중 하나인 월리스날개구리는 뛰어 이동할 때 큰 발가락의 피부막을 펼쳐 날개처럼 이용해요.

발견하기 힘든 포유동물들

동남아시아의 습지와 운무림은 꽤 추워요. 그래서 수마트라코뿔소에게는 제법 많은 털이 있어요. 혼자 생활하는 이 코뿔소를 발견하기는 무척 어려워요. 오랑우탄도 거의 모든 시간을 나무 위에서 보내기 때문에 마찬가지예요. 오랑우탄은 매일 밤 나무 위에 가지와 잎을 엮어 둥지처럼 생긴 새로운 잠자리를 만들어요.

보르네오오랑우탄
Pongo borneo

수마트라코뿔소
Dicerorhinus sumatrensis

아름다운 깃털

극락조는 수컷이 암컷에게 사랑을 구할 때 추는 춤으로 유명해요. 왕극락조는 붉고 긴 날개를 펄럭이고, 푸른극락조는 거꾸로 매달려 깃털을 흔들며, 로스파로티아극락조는 깃털을 텐트처럼 펼쳐요.

왕극락조
Cicinnurus regius

푸른극락조
Paradisaea rudolphi

로스파로티아극락조
Parotia lawesii

아프리카

남북으로 길이 8,000킬로미터에 이르는 아프리카 대륙은 54개 국가로 이루어져 있어요. 드넓은 사막에서부터 찌는 듯한 열대 우림까지 다양한 환경에 생명체가 가득해요. 최초의 인류가 나타난 곳도 바로 이 지역이에요.

특별한 능력의 초식 동물들

기린은 긴 목을 지녀 6미터 높이에 있는 나뭇잎도 혀로 훑어 먹어요. 기린영양은 높은 잎에 닿으려고 뒷발로 꼿꼿이 서요. 긴칼뿔오릭스 같은 초식 동물은 몇 주일 동안 물을 마시지 않고도 살 수 있어요.

마사이기린
Giraffa tippelskirchi

긴칼뿔오릭스
Oryx dammah

아프리카코끼리
Loxodonta africana

알고 있나요?
아프리카코끼리는 큰 귀를 부채처럼 흔들어 온도가 높아진 피를 식혀요.

대형 고양잇과 동물들

대형 고양잇과 동물 대부분은 사냥할 때 몰래 숨어 기회를 노려요. 치타는 시속 100킬로미터 속도로 가젤을 쫓아요. 사자는 주로 밤에 사냥하고, 하루에 최대 21시간을 자며, 암사자들과 그 새끼들 그리고 아직 덜 자란 수사자들로 무리를 지어 생활해요. 수사자는 다 자라면 무리에서 떠나요.

사자(수컷)
Panthera leo

치타
Acinonyx jubatus

톰슨가젤
Eudorcas thomsonii

홍엽조
Quelea quelea

넓적부리황새
Balaeniceps rex

아프리카의 새들
사하라 이남의 아프리카에 널리 흩어져 살아가는 홍엽조는 10억 마리나 돼요. 몸집이 큰 넓적부리황새는 폐어를 사냥하는데, 아주 큰 부리로 진흙 속에서 폐어를 찾아내요.

기린영양
Litocranius walleri

열대 우림
콩고강 북쪽에 위치한 드넓은 콩고 열대 우림은 대륙을 가로질러 약 5,000킬로미터나 뻗어 있어요.

놀라운 척추뼈
숲에는 갑옷땃쥐같이 놀라운 동물도 살고 있어요. 갑옷땃쥐는 작지만 척추뼈가 매우 강해 어른이 올라타도 견딜 수 있어요.

하마
Hippopotamus amphibius

갑옷땃쥐
Scutisorex somereni

분홍색 땀
콩고강에는 하마가 살고 있어요. 매우 강해 보이지만 햇빛을 두려워해요. 물 밖으로 나올 때면 피부를 보호하기 위해 피부샘에서 분홍색 땀처럼 보이는 분비액을 내놓아요.

마운틴고릴라
Gorilla beringei ssp. beringei

알고 있나요?
하마는 몸무게가 4톤까지 나가고 앞니는 50센티미터까지 자라요.

은색 등
콩고의 비룽가 운무림 지역 높은 곳에는 마운틴고릴라가 무리를 지어 살아요. 수컷 고릴라의 등은 나이가 들수록 은색으로 변해요. 그래서 어른 수컷은 은색 등이라는 뜻의 영어로 '실버백'이라 불려요.

사막

사바나보다 더 메마른 곳이 사막이에요. 주로 모래언덕으로 이루어져 있어요. 사하라사막은 세계에서 가장 큰 사막이에요. 모든 것이 타 버릴 듯 뜨거운 이 지역의 면적은 오스트레일리아 대륙과 비슷할 정도로 넓어요.

단봉낙타
Camelus dromedarius

사막뿔살무사
Cerastes cerastes

열기 속에서 살아남기

이곳에 살고 있는 모든 동물은 매우 높은 온도에 적응해야 해요. 단봉낙타의 털은 햇빛이 피부에 닿는 것을 막아요. 무서운 독을 지닌 검정털꼬리전갈은 덤불 밑, 땅굴, 버려진 신발 등에 숨어 햇빛을 피해요.

검정털꼬리전갈
Parabuthus villosus

모래에서의 헤엄

몇몇 포유동물은 모래 속에서 살아요. 자이언트황금두더지는 힘센 앞다리로 모래를 밀면서 모래 속을 헤엄쳐요. 옆으로 기어가는 뱀을 뜻하는 '사이드와인더'라는 별명을 가진 사막뿔살무사는 모래에 J자 모양의 흔적을 남기며 옆으로 나아가요.

잔점배무늬독수리
Polemaetus bellicosus
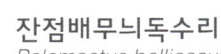

미어캣

칼라하리사막은 미어캣으로 유명해요. 뜨거운 햇빛을 피해 굴을 파고 살아요. 번갈아 보초를 서면서 잔점배무늬독수리 같은 천적들을 경계해요.

자이언트황금두더지
Chrysospalax trevelyani
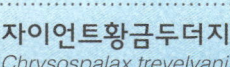

미어캣
Suricata suricatta
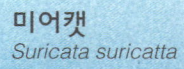

마다가스카르

마다가스카르는 8,800만 년 동안 대륙과 떨어져 있었어요. 그래서 다른 곳에서는 볼 수 없는 독특한 동물과 식물이 많아요. 마다가스카르의 기후는 건조하지만, 곧게 뻗은 동쪽 해안을 따라서는 습기가 많은 숲이 발달했어요.

마다가스카르피그미물총새
Corythornis madagascariensis

포사

몸길이 1.8미터쯤 되는 포사는 마다가스카르에서 가장 큰 포식자예요. 몽구스와 조상이 같다고 알려진 포사는 여우원숭이를 비롯한 마다가스카르 동물 대부분을 사냥해요.

포사
Cryptoprocta ferox

파랑코아
Coua caerulea

기린바구미
Trachelophorus giraffa

놀라운 바구미

마다가스카르에는 몸길이 2센티미터쯤 되는 기린바구미가 살아요. 좁고 길쭉한 앞가슴에 기린처럼 긴 목이 달렸어요. 기린바구미가 목을 이리저리 움직일 때는 굴삭기의 팔 같아요. 표범카멜레온은 발톱을 이용해 나뭇가지에서 균형을 잡고 각기 따로 움직이는 두 눈으로 기린바구미를 찾아낸 다음 긴 혀를 재빨리 내밀어 낚아채요.

새들의 천국

마다가스카르는 새들의 천국으로, 몸집이 작은 마다가스카르피그미물총새와 깃털이 아름다운 파랑코아 같은 새가 아주 많아요. 파랑코아 새끼들은 입안에 밝은 무늬가 있는데, 부모 새에게 먹이를 그곳에 넣어 달라고 얘기하는 것 같아요.

코쿠렐시파카여우원숭이
Propithecus coquereli

알고 있나요?

마다가스카르에는 세계에서 가장 작은 카멜레온인 난쟁이카멜레온이 살고 있어요. 난쟁이카멜레온은 다 자라도 몸길이 2센티미터도 안 돼요.

난쟁이카멜레온
Brookesia micra

알락꼬리여우원숭이
Lemur catta

표범카멜레온
Furcifer pardalis

냄새로 유명한 여우원숭이

여우원숭이들은 마다가스카르에만 사는데, 여러 독특한 습성이 있어요. 알락꼬리여우원숭이는 분비샘에서 나온 분비액을 문질러 영역을 표시해요. 수컷 알락꼬리여우원숭이는 다른 수컷들과 냄새로 경쟁하기도 해요.

오세아니아

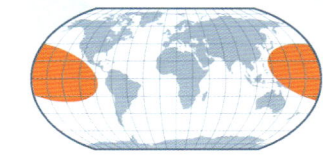

태평양에는 대륙과 섬으로 이루어진 오세아니아가 있어요.
2만 개에 이르는 크고 작은 섬에는 놀랍도록 다양한 생물이 살아요.
외딴섬에서 동물이 독특하게 진화하기도 해요.

야자집게
Birgus latro

오세아니아의 거인들

거대한 야자집게는 무게가 4킬로그램까지 나가요. 대왕조개는 세계에서 가장 큰 조개로 폭이 1미터 넘게 자라요. 푸른바다거북은 다 자라면 몸길이가 1.5미터쯤 되는데, 태평양 바닷속을 미끄러지듯 헤엄치며 당당함을 뽐내요. 숨을 쉬기 위해 물 밖으로 머리를 내밀어야 하지만, 물속에서 몇 시간 동안 숨을 참을 수 있어요. 암컷은 바닷가 모래밭에 올라와 구덩이를 파고 알을 낳아요.

북회귀선

북마리아나 제도
마셜 제도
필리핀해
캐롤라인 제도
키리바시
솔로몬 제도
투발루
그레이트베리어리프
산호해
누벨칼레도니
바누아투
피지

푸른바다거북
Chelonia mydas

무시무시한 바다 동물들

상자해파리와 바다뱀은 무시무시한 독을 가지고 있어요. 특히 올리브바다뱀은 세계를 통틀어 매우 위험하다고 손꼽히는 뱀들 가운데 하나예요.

상자해파리
Chironex fleckeri

화려한 색의 산호

산호 속에 사는 미세 조류와 산호는 공생해요.
미세 조류는 광합성으로 산호에게 먹이를
만들어 주고, 산호는 안전한 자신의 몸과
이산화탄소를 미세 조류에게 제공하지요.
산호는 크리스마스트리웜과
갯민숭달팽이의 집이기도 해요.

크리스마스트리웜
Spirobranchus giganteus

청반점갯민숭달팽이
Chromodoris annae

물속의 사냥꾼들

섬과 섬 사이 바닷속에는 꼬리 길이가 몸길이의 절반이 넘는 진환도상어가 먹이를 찾아 돌아다녀요. 사람 두 배 크기로 자라는 흑새치도 치타처럼 빠르게 작은 물고기를 쫓아요.

진환도상어
Alopias vulpinus

구스베리해파리
Pleurobrachia bachei

흰동가리
Amphiprion ocellaris

만다린피시
Synchiropus splendidus

흑새치
Istiompax indica

북태평양

적도

사모아

통가

쿡 제도

프랑스령 폴리네시아

남회귀선

남태평양

대왕조개
Tridacna gigas

올리브바다뱀
Aipysurus laevis

알고 있나요?

투명한 구스베리해파리의 몸은 99퍼센트가 물이에요. 몸을 따라 난 털들을 빠르게 움직여 헤엄칠 때, 그 털들에서는 무지갯빛이 나요.

독특한 물고기들

흰동가리는 놀라운 능력을 지녔어요. 하나뿐이었던 암컷이 죽거나 무리를 떠나면 수컷 중 하나가 암컷으로 변해요. 만다린피시는 알록달록한 무늬로 유명해요. 포식자들에게 맛이 없다고 말하는 것 같아요.

오스트레일리아

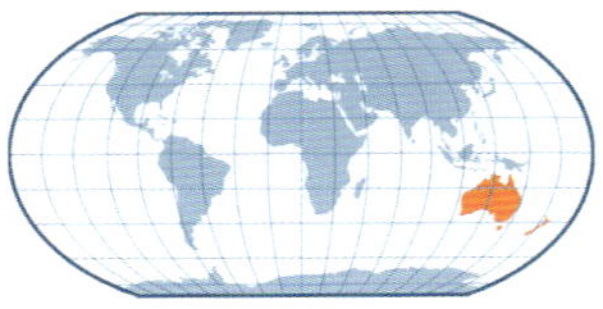

인도양과 태평양 사이에 오스트레일리아가 있어요.
다른 대륙에 비해 평지가 많고 대부분의 지역이 건조해요.

내륙 오지

몇몇 종을 제외한 대부분의 동물은 매우 건조한 내륙 오지에서 살아가기 힘들어요. 가시도마뱀은 다른 동물에게 잡아먹히지 않으려고 온몸을 가시로 무장했어요. 비늘 사이에 작은 홈이 있어 비를 맞으면 빗물이 입으로 흘러가요. 황금바우어새 수컷은 암컷을 유혹하기 위해 잔가지, 나무 조각, 돌을 이용해 땅 위에 아름다운 집을 지어요.

황금바우어새
Prionodura newtoniana

가시도마뱀
Moloch horridus

카펀테리아만
킹레오폴드산맥
맥도널산맥
오스트레일리아
인도양
심프슨사막
그레이트빅토리아사막
에어호
그레이트오스트레일리아만

오리너구리
Ornithorhynchus anatinus

알고 있나요?

오리너구리의 부리는 먹잇감에서 나오는 미세한 전류를 느낄 수 있어요. 그런 까닭에 물속에서 눈과 귀를 닫고 부리로만 사냥해요.

북부 오스트레일리아의 열대 우림과 숲들

오스트레일리아는 대부분이 사막이지만 열대 우림 지역도 있어요. 열대 우림 물가에는 오리너구리가 살아요. 오리너구리의 먹이는 가재, 새우, 수생 곤충, 작은 개구리 등이에요.

나무 위의 동물들

웃음소리 같은 울음소리를 내는 파란날개웃음물총새는 나뭇가지에 앉아 기다렸다가 땅 위에 있는 곤충과 작은 포유동물을 덮쳐요. 코알라는 나무가 빽빽한 곳에 살아요. 코알라의 앞발 발가락은 엄지발가락이 두 개인 것처럼 발달해 나무를 더 단단히 붙잡을 수 있어요.

파란날개웃음물총새
Dacelo leachii

코알라
Phascolarctos cinereus

뉴질랜드

오스트레일리아 해안에서 약 1,600킬로미터 떨어진 곳에 온화한 기후의 뉴질랜드가 있어요. 수천 년 동안 따로 떨어져 있었기 때문에 매우 독특한 동물이 많아요.

날지 않는 새들

포식자가 없는 뉴질랜드에서는 키위, 카카포 같은 새들이 날지 않게 되었어요. 굳이 날아 도망갈 필요가 없었지요. 이제 카카포는 백여 마리밖에 남지 않았어요. 몸집이 거대한 모아는 오래전에 멸종했어요. 사람들이 모두 사냥해 버렸기 때문이에요.

자이언트모아
Dinornis novaezealandiae

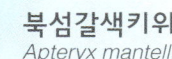

카카포
Strigops habroptilus

북섬갈색키위
Apteryx mantelli

알고 있나요?

거대한 도마뱀 페렌티에는 먹잇감을 물면 죽을 때까지 흔들어요. 사냥에 나서 사냥감이 지칠 때까지 쫓아가기 때문에 도망쳤다면 운이 좋은 거예요.

태즈메이니아섬

태즈메이니아섬에는 멋진 모습의 산과 국립 공원이 여럿 있어요. 오스트레일리아 대륙보다 습하고 매우 시원해요. 밤에는 태즈메이니아주머니곰이 긴 수염을 씰룩거리며 숲을 돌아다녀요. 주머니곰 암컷은 캥거루, 코알라처럼 새끼를 새끼주머니에 넣어 키워요.

페렌티에
Varanus giganteus

태즈메이니아주머니곰
Sarcophilus harrisii

애기웜뱃
Vombatus ursinus

신비한 유대 동물

유대 동물은 새끼들을 배에 있는 새끼주머니에 넣어 젖을 먹여 키우는 동물이에요. 대부분의 유대 동물은 오스트레일리아 대륙에만 살아요. 왈라비와 캥거루가 가장 흔한데, 이들은 두 뒷다리로 껑충껑충 뛰어 평원을 가로질러요. 풀, 씨앗, 열매 등을 먹는 웜뱃은 긴 굴을 파고 많은 시간을 그곳에서 보내요.

붉은캥거루
Osphranter rufus

노란발바위왈라비
Petrogale xanthopus

남극 대륙

지구 남쪽 끝에 가장 추운 대륙인 남극 대륙이 있어요. 남극해에 둘러싸이고 지구에서 가장 큰 얼음으로 덮인 남극 대륙에는 지축의 남쪽 끝인 남극점도 있지요. 12월부터 이듬해 2월까지 여름에 해안과 주변 바다는 먹이를 구하거나 번식을 위해 찾아온 펭귄, 물개, 고래, 바닷새 같은 동물들로 붐벼요.

흰바다제비
Pagodroma nivea

남극가마우지
Phalacrocorax atriceps

알고 있나요?
여름 동안 남극가마우지와 흰바다제비를 포함한 10억 마리의 새가 남극을 찾아요.

남방코끼리물범
Mirounga leonina

물범과 물개

큰 턱과 날카로운 이빨을 가진 얼룩무늬물범은 온순해 보이는 남극물개, 웨들물범과 달라요. 얼룩무늬물범은 길이 3.5미터까지 자라며 펭귄, 물고기뿐만 아니라 심지어 다른 물개나 물범도 잡아먹어요. 남방코끼리물범은 물속에서 100분 이상 숨을 참을 수 있는데, 고래 다음으로 가장 오래 잠수하는 포유동물이에요.

웨들물범
Leptonychotes weddellii

남극물개
Arctocephalus gazella

얼룩무늬물범
Hydrurga leptonyx

아델리펭귄
Pygoscelis adeliae

황제펭귄

황제펭귄은 몸집이 가장 큰 펭귄으로 남극에 17종이 살고 있어요. 일 년 내내 남극에 사는 유일한 동물이에요. 엄청나게 추운 겨울에 짝짓기하고 알을 낳지요. 암컷은 알을 하나만 낳는데, 알을 낳으면 차가운 얼음에 닿지 않게 조심하면서 수컷에게 전달해요. 수컷은 약 2개월 동안 알을 두 발 위에 올려놓은 채 품어 부화시켜요.

바다의 거인들

지금까지 살았던 모든 동물 중 가장 큰 동물은 30미터까지 자라는 대왕고래예요.
대왕고래와 혹등고래는 아주 작은 갑각류인 크릴을 주로 먹어요.
반면에 범고래는 물개 같은 다른 포유동물과 새를 먹어요.
남극하트지느러미오징어는 오늘날 살아 있는 무척추동물 중 가장 커요.
길이가 14미터에 이르는데, 그 크기는 버스와 비슷해요.

크릴
Euphausia superba

대왕고래 – 30미터
Balaenoptera musculus

혹등고래 – 16미터
Megaptera novaeangliae

퀸모드랜드

동남극 빙하

남극하트지느러미오징어 – 14미터
Mesonychoteuthis hamiltoni

황제펭귄
Aptenodytes forsteri

범고래 – 8미터
Orcinus orca

빅토리아랜드

얼음 밑에는

얼어 있는 남극해 밑에도 단각빙어, 남극불가사리,
최근에 발견된 앤드릴말미잘 등 신기한 동물이 많아요.
보통 말미잘은 바다 밑바닥에 붙어 생활하지만
앤드릴말미잘은 두꺼운 얼음 밑바닥에 굴을 파고
거꾸로 매달려 살아요.

마카로니펭귄
Eudyptes chrysolophus

말미잘
Urticinopsis antarctica

단각빙어
Chionodraco hamatus

남극불가사리
Odontaster validus

위기에 빠진 동물들

이 책에서 우리는 무척 많은 동물을 만났어요. 그중 멸종 위기에 놓인 동물도 적지 않아요. 멸종은 지구상에서 영원히 사라지는 거예요. 화석을 통해 알 수 있듯이 생물 종은 자연히 사라지기도 하겠지만, 그 속도가 너무 빨라지고 있어요.

참게
Eriocheir sinensis

유럽꽃게
Carcinus maenas

외래종

다른 지역에서 온 동물은 생태계에 끔찍한 영향을 미칠 수 있어요. 사람들의 배를 타고 태평양 섬에 숨어든 쥐는 바닷새와 그 알을 먹어 치워요. 일부 외래종은 토착종과 같은 먹이를 놓고 경쟁해요. 유럽에서는 중국에서 들여온 참게가 유럽꽃게에 위협이 되고 있어요. 우리나라에는 뉴트리아, 배스, 파랑볼우럭, 붉은귀거북, 황소개구리, 꽃매미, 붉은불개미가 생태계에 큰 해를 끼쳐요.

기후 변화

석탄, 석유 같은 연료를 많이 사용하면서 대기 중에 내놓는 이산화탄소도 늘어났는데, 이 때문에 어떤 지역은 점점 뜨거워지고 또 다른 지역은 습해지고 있어요. 사람을 비롯한 지구 생명체는 적당한 온도가 지켜지지 않으면 더 이상 살기 힘들어요. 온도에 쉽게 영향을 받는 산호초는 바다가 너무 따뜻해지면 멸종하고 말 거예요.

안티아스피시
Anthias anthias

파란뺨나비고기
Chaetodon semilarvatus

보르네오오랑우탄
Pongo borneo

수마트라코뿔소
Dicerorhinus sumatrensis

서식지 감소

날마다 인구는 늘어나고 있어요. 동물들에게는 안 좋은 소식이에요. 동남아시아 수마트라섬에 사는 수마트라코뿔소와 수마트라오랑우탄, 보르네오섬에 사는 보르네오오랑우탄은 서식지가 줄어 멸종 위기에 놓였어요. 기름야자, 사탕수수, 콩 등을 심어 가꾸면서 숲이 파괴되었기 때문이에요. 서식지도 나뉘면 동물들이 번식을 위해 이동하기 힘들어요.

검은눈썹알바트로스
Diomedea melanophris

유럽꿀벌
Apis mellifera

양쯔강돌고래
Lipotes vexillifer

환경 오염

산업이 발달하면서 환경 오염이 늘어났어요. 이미 바다에는 플라스틱이 수없이 떠다니고 있고, 알바트로스 같은 새는 그게 먹이인 줄 알고 먹었다가 죽기도 해요. 중국 양쯔강돌고래는 사람들이 마구 잡아들인 데다 강물까지 오염되어 최근에 멸종한 것으로 보여요. 농사를 지을 때 사용하는 살충제 때문에 꿀벌의 수도 크게 줄었어요.

큰천산갑
Manis gigantea

피그미늘보로리스
Nycticebus pygmaeus

사냥

사람들은 코뿔소 같은 대형 동물을 불법으로 사냥하고 있어요. 단순한 재미나 장식물을 얻기 위해서예요. 약재로 쓰기 위해 피그미늘보로리스 같은 동물을 사냥하기도 해요. 이런 약재의 효능은 과장된 경우가 많아요. 사람들은 특별한 요리에 쓰기 위해 천산갑 같은 동물을 사냥하기도 해요. 큰 바다에서 물고기를 마구 잡는 것 또한 바다 동물이나 우리 미래를 위해 좋지 않아요.

도움의 손길

국제자연보전연맹(IUCN)은 위기에 놓인 동물들에게 도움을 주기 위해 노력하고 있어요. 다양한 동물을 보호하기 위해 적색목록이라고도 불리는 '멸종 위기에 처한 동식물 보고서'를 발표하고 있어요.

사이테스(CITES, 멸종 위기에 처한 야생 동식물 종의 국제 거래에 관한 협약)는 취미로 동물을 사냥하는 것과 애완용으로 희귀 동물을 거래하는 것을 막기 위해 만들어졌어요. 런던동물학회(ZSL)와 세계자연기금(WWF) 같은 단체는 동물 보호를 위해 활발한 모금 활동을 하고 있어요.

지구를 지키자

일부 동물은 멸종 위기에 놓였지만 좋은 소식도 있어요.
세계의 많은 사람이 야생 동물을 보호하기 위해 노력하고 있답니다.

동물 보호는 멈추면 안 돼요

아프리카의 작은 섬나라 모리셔스는 날지 않는 아주 큰 새 도도가 살다가 멸종한 것으로 유명해요. 모리셔스에 살던 황조롱이도 멸종 위기에 놓였다가 과학자들의 노력으로 그 수가 꽤 늘었어요. 모리셔스황조롱이는 1974년에 4마리밖에 없었지만, 지금은 400마리 넘게 살고 있어요.

파란모자벌잡이새사촌
Momotus coeruliceps

남방코끼리물범
Mirounga leonina

넓은 서식지가 필요해요

동물들이 살아가기 위해서는 넓은 서식지가 필요해요. 면적이 약 1만6천 제곱킬로미터(약 5억 평)나 되는 아르헨티나 발데스반도 자연 보호 구역에는 남방코끼리물범, 마젤란펭귄, 남방긴수염고래 등이 사람들의 방해를 받지 않고 편히 살고 있어요. 에콰도르에 있는 로마알타 생태 보호 구역 운무림은 파란모자벌잡이새사촌의 천국이에요.

마젤란펭귄
Spheniscus magellanicus

지속 가능한 에너지를 사용해요

우리는 주로 석유, 석탄, 천연가스 같은 화석 연료를 태워 에너지를 얻어요. 화석 연료를 사용하면 많은 양의 이산화탄소가 대기로 배출돼요. 이산화탄소는 지구 온도를 높이고 기후를 변화시켜 모든 생명체에 나쁜 영향을 미쳐요. 화석 연료를 대신할 수 있는 것 중 하나가 태양 에너지예요. 태양 에너지는 이산화탄소를 발생시키지 않고 무한정 사용할 수 있어요. 태양의 수명이 아직 50억 년이나 남아 있어 다행이에요.

모리셔스황조롱이
Falco punctatus

여러분도 할 수 있어요

야생 동물을 위해 우리가 할 수 있는 가장 좋은 방법은 환경을 보호하는 거예요. 그러려면 먼저 일회용 비닐봉지와 용기, 플라스틱 빨대 등 플라스틱 제품을 덜 사용하고 함부로 버리지 말아야 해요. 이미 사람들이 버린 플라스틱 쓰레기가 바다로 흘러들어 바다 생태계는 위험에 놓여 있어요. 각종 쓰레기를 줄이는 한편, 쓰레기를 버릴 때는 재활용할 수 있는 것과 없는 것을 나누어야 해요. 물건을 살 때는 친환경 제품인지 아닌지를 따져 보는 것도 좋아요.

여러분이 동물을 아는 것도 똑같이 중요해요. 다른 생명체를 알고 소중히 여길 때 지구는 다시 건강해지고, 우리는 그런 지구에서 다른 생명체와 조화롭게 살 수 있어요.

남방긴수염고래
Eubalaena australis

동물 찾아보기

ㄱ

가마우지 ... 40
가시도마뱀 Moloch horridus ... 38
가젤 ... 32
갈라파고스땅거북 Chelonoidis nigra ... 9, 23
갈라파고스펭귄 Spheniscus mendiculus ... 23
갈매기 ... 13
갈색목세발가락나무늘보 Bradypus variegatus ... 20
갈색지네 Lithobius forficatus ... 9, 24
갑옷땃쥐 Scutisorex somereni ... 33
개구리 ... 20
갯민숭달팽이 ... 36
거니슨프레리도그 Cynomys gunnisoni ... 14
거미 ... 28
검은가슴물떼새 Pluvialis fulva ... 18
검은노래기 Tachypodoiulus niger ... 24
검은눈썹알바트로스 Diomedea melanophris ... 43
검정털꼬리전갈 Parabuthus villosus ... 34
고래 ... 12, 41, 45
고릴라 ... 33
곰 ... 12, 22, 25
공벌레 Armadillidium vulgare ... 24
공작 ... 30
구스베리해파리 Pleurobrachia bachei ... 8, 37
그린와블러핀치 Certhidea olivacea ... 23
극락조 ... 31
기러기 ... 18
기린 ... 32
기린바구미 Trachelophorus giraffa ... 35
기린영양 Litocranius walleri ... 32, 33
긴수염고래 ... 45
긴칼뿔오릭스 Oryx dammah ... 32
꽃게 ... 9, 42
꿀벌 ... 43

ㄴ

나무늘보 ... 20
나비고기 ... 42
낙타 ... 34
난쟁이카멜레온 Brookesia micra ... 35
날개구리 ... 31
남극가마우지 Phalacrocorax atriceps ... 40
남극물개 Arctocephalus gazella ... 40
남극불가사리 Odontaster validus ... 8, 41
남극하트지느러미오징어 Mesonychoteuthis hamiltoni ... 9, 41
남방긴수염고래 Eubalaena australis ... 45
남방코끼리물범 Mirounga leonina ... 40, 44
너구리 Nyctereutes procyonoides ... 26
너구리판다 Ailurus fulgens ... 29
넓적부리황새 Balaeniceps rex ... 33
노란발바위왈라비 Petrogale xanthopus ... 39
노래기 ... 24
눈알무늬장지뱀 Timon lepidus ... 9, 24
눈표범 Panthera uncia ... 26
늑대 ... 14

ㄷ

다람쥐 ... 26
단각빙어 Chionodraco hamatus ... 41
단봉낙타 Camelus dromedarius ... 34
대왕고래 Balaenoptera musculus ... 41
대왕조개 Tridacna gigas ... 9, 36, 37
대왕판다 Ailuropoda melanoleuca ... 29
데스만 ... 24
도롱뇽 ... 29
도마뱀 ... 16, 24, 38, 39
독수리 ... 34
돌고래 ... 12, 30, 43
두더지 ... 9, 17, 34
두루미 Grus japonensis ... 29
들소 ... 14, 25
딱따구리 ... 17
딱따구리핀치 Camarhynchus pallidus ... 23
땃쥐 ... 33

ㄹ

라마 Lama glama ... 22
라쿤 Procyon lotor ... 17
레아 Rhea americana ... 21
로드러너 ... 16
로스파로티아극락조 Parotia lawesii ... 31

ㅁ

마다가스카르피그미물총새 Corythornis madagascariensis ... 35
마못 ... 25
마사이기린 Giraffa tippelskirchi ... 32
마운틴고릴라 Gorilla beringei ssp. beringei ... 33
마젤란펭귄 Spheniscus magellanicus ... 44
마카로니펭귄 Eudyptes chrysolophus ... 41
만다린피시 Synchiropus splendidus ... 37
말미잘 Urticinopsis antarctica ... 41
말코손바닥사슴 Alces alces ... 15
매 ... 24
매너티 ... 19
맥 ... 22
멕시코긴코박쥐 Leptonycteris nivalis ... 20
멧돼지 Sus scrofa ... 25
모리셔스황조롱이 Falco punctatus ... 44, 45
모아 ... 39
모하비방울뱀 Crotalus scutulatus ... 9, 16
물개 ... 40
물떼새 ... 18
물범 ... 12, 26, 40, 44
물총새 ... 35, 38
미어캣 Suricata suricatta ... 34

ㅂ

바구미 ... 35
바다거북 ... 36
바다뱀 ... 37
바다이구아나 Amblyrhynchus cristatus ... 23
바다제비 ... 40
바다코끼리 Odobenus rosmarus ... 13

바우어새 … 38	산양 … 27, 28	야크 *Bos grunniens* … 27
바이칼물범 *Pusa sibirica* … 26	산파랑지빠귀 *Sialia currucoides* … 9, 15	양쯔강돌고래 *Lipotes vexillifer* … 43
박쥐 … 18, 20	살무사 … 34	얼룩무늬물범 *Hydrurga leptonyx* … 40
박쥐나방 *Endoclyta excrescens* … 28	상아부리딱따구리 *Campephilus principalis* … 17	에우피테시아나방 *Eupithecia orichloris* … 18
방울뱀 … 6, 16	상어 … 8, 37	엘크 *Cervus canadensis* … 14
백두산호랑이 *Panthera tigris altaica* … 26	상자해파리 *Chironex fleckeri* … 8, 36	여우 … 13, 16, 21, 24
뱀 … 19	서부세발가락도마뱀 *Chalcides striatus* … 24	여우원숭이 … 9, 35
번개깡충거미 … 28	서인도제도매너티 *Trichechus manatus* … 19	연어 … 14
벌잡이새사촌 … 44	솔개 … 19	영양 … 32, 33
범고래 *Orcinus orca* … 41	솔레노돈 *Solenodon paradoxus* … 21	오랑우탄 … 31, 42
별코두더지 *Condylura cristata* … 17	송골매 *Falco peregrinus* … 24	오리너구리 *Ornithorhynchus anatinus* … 9, 38
보르네오오랑우탄 *Pongo borneo* … 31, 42	수마트라코뿔소 *Dicerorhinus sumatrensis* … 31, 42	오릭스 … 32
보브캣 *Lynx rufus* … 15	순록 *Rangifer tarandus* … 27	오징어 … 41
북극고래 *Balaena mysticetus* … 12	스라소니 *Lynx lynx* … 24	올리브바다뱀 *Aipysurus laevis* … 37
북극곰 *Ursus maritimus* … 12		올링귀토 *Bassaricyon neblina* … 22
북극여우 *Vulpes lagopus* … 13	**ㅇ**	올빼미 … 12
북극제비갈매기 *Sterna paradisaea* … 13	아델리펭귄 *Pygoscelis adeliae* … 40	왈라비 … 39
북극토끼 *Lepus arcticus* … 13	아르마딜로 … 9, 21	왕극락조 *Cicinnurus regius* … 31
북섬갈색키위 *Apteryx mantelli* … 39	아메리카독도마뱀 *Heloderma suspectum* … 16	우는토끼 *Ochotona hyperborea* … 29
북아메리카비버 *Castor canadensis* … 17	아메리카들소 *Bison bison* … 14	우렁이솔개 *Rostrhamus sociabilis* … 19
북아메리카호저 *Erethizon dorsatum* … 16	아메리카악어 *Crocodylus acutus* … 9, 19	울버린 *Gulo gulo* … 15
불가사리 … 8, 41	아이벡스 … 25	원숭이 … 20, 29
불곰 *Ursus arctos* … 25	아키아폴라우 *Hemignathus munroi* … 18	월리스날개구리 *Rhacophorus nigropalmatus* … 31
붉은여우 *Vulpes vulpes* … 24	아프리카코끼리 *Loxodonta africana* … 32	웜뱃 … 39
붉은캥거루 *Osphranter rufus* … 39	아홉띠아르마딜로 *Dasypus novemcinctus* … 9, 21	웨들물범 *Leptonychotes weddellii* … 40
비단꿩 … 28	악어 … 9, 19	유럽꽃게 *Carcinus maenas* … 9, 42
비버 … 17	안경곰 *Tremarctos ornatus* … 22	유럽꿀벌 *Apis mellifera* … 43
비쿠냐 *Vicugna vicugna* … 22	안데스콘도르 *Vultur gryphus* … 22	유럽들소 *Bison bonasus* … 25
빨간눈청개구리 *Agalychnis callidryas* … 9, 20	안티아스피시 *Anthias anthias* … 42	이구아나 … 23
뾰족부리땅핀치 *Geospiza difficilis* … 23	알락꼬리여우원숭이 *Lemur catta* … 9, 35	이스턴인디고뱀 *Drymarchon couperi* … 19
	알바트로스 … 43	인도강돌고래 *Platanista gangetica* … 30
ㅅ	알파인아이벡스 *Capra ibex* … 25	인도공작 *Pavo cristatus* … 30
사막뿔살무사 *Cerastes cerastes* … 34	알파카 *Vicugna pacos* … 22	인도코끼리 *Elephas maximus indicus* … 30
사슴 … 15	알프스마못 *Marmota marmota* … 25	인도코브라 *Naja naja* … 30
사이가산양 *Saiga tatarica* … 27	애기아르마딜로 *Chlamyphorus truncatus* … 21	일각돌고래 *Monodon Monoceros* … 12
사자 *Panthera leo* … 9, 32	애기웜뱃 *Vombatus ursinus* … 39	
사향소 *Ovibos moschatus* … 13	앤드릴말미잘 *Edwardsiella andrillae* … 41	**ㅈ**
산악맥 *Tapirus pinchaque* … 22	야자집게 *Birgus latro* … 36	자이언트모아 *Dinornis novaezealandiae* … 39

자이언트황금두더지 *Chrysospalax trevelyani* 9, 34
잔점배무늬독수리 *Polemaetus bellicosus* 34
장수도롱뇽 29
장지뱀 9, 24
전갈 34
제비갈매기 13
제왕나방 *Saturnia pavonia* 9, 25
조개 9, 36, 37
주머니곰 39
중국장수도롱뇽 *Andrias davidianus* 29
지네 9, 24
지빠귀 9, 15
지중해집도마뱀붙이 *Hemidactylus turcicus* 24
진환도상어 *Alopias vulpinus* 8, 37
짖는원숭이 *Alouatta caraya* 20

ㅊ

참게 *Eriocheir sinensis* 40
채식핀치 *Platyspiza crassirostris* 23
천산갑 43
청개구리 9, 20
청독화살개구리 *Dendrobates tinctorius "azureus"* 20
청반점갯민숭달팽이 *Chromodoris annae* 36
초원수리 *Aquila nipalensis* 27
치타 *Acinonyx jubatus* 32

ㅋ

카멜레온 35
카카포 *Strigops habroptilus* 39
캥거루 39
코끼리 30, 32
코브라 30
코뿔소 31, 42
코알라 *Phascolarctos cinereus* 38
코요테 *Canis latrans* 16
코쿠렐시파카여우원숭이 *Propithecus coquereli* 35
콘도르 22
크리스마스트리웜 *Spirobranchus giganteus* 36

크릴 *Euphausia superba* 41
큰땅핀치 *Geospiza magnirostris* 23
큰로드러너 *Geococcyx californianus* 16
큰뿔야생양 *Ovis canadensis* 15
큰천산갑 *Manis gigantea* 43
키위 39
키트여우 *Vulpes macrotis* 16

ㅌ

태즈메이니아주머니곰 *Sarcophilus harrisii* 39
토끼 13, 29
톰슨가젤 *Eudorcas thomsonii* 32
티베트푸른양 *Pseudois nayaur* 28

ㅍ

파란날개웃음물총새 *Dacelo leachii* 38
파란모자벌잡이새사촌 *Momotus coeruliceps* 44
파란뺨나비고기 *Chaetodon semilarvatus* 42
파랑코아 *Coua caerulea* 35
파에도키프리스 *Paedocypris progenetica* 31
파에도프리네 *Paedophryne dekot* 31
판다 29
팜파스여우 *Lycalopex gymnocercus* 21
페렌티에 *Varanus giganteus* 39
펭귄 23, 40, 41, 44
포사 *Cryptoprocta ferox* 35
표범 26
표범카멜레온 *Furcifer pardalis* 35
푸른극락조 *Paradisaea rudolphi* 31
푸른바다거북 *Chelonia mydas* 36
퓨마 *Puma concolor* 15
프레리도그 14
플로리다퓨마 *Puma concolor coryi* 19
피그미늘보로리스 *Nycticebus pygmaeus* 43
피라냐 *Pygocentrus nattereri* 20
피레네데스만 *Galemys pyrenaicus* 24
핀치 23

ㅎ

하늘다람쥐 *Pteromys volans* 26
하마 *Hippopotamus amphibius* 33
하와이기러기 *Branta sandvicensis* 18
하와이장다리물떼새 *Himantopus mexicanus knudseni* 18
하와이흰박쥐 *Lasiurus cinereus semotus* 18
하프물범 *Pagophilus groenlandicus* 12
해달 *Enhydra lutris* 17
해파리 8, 36, 37
호랑이 26
호아친 *Opisthocomus hoazin* 20
호저 16
혹등고래 *Megaptera novaeangliae* 41
홍연어 *Oncorhynchus nerka* 14
홍엽조 *Quelea quelea* 33
황금들창코원숭이 *Rhinopithecus roxellana* 29
황금바우어새 *Prionodura newtoniana* 38
황새 33
황제펭귄 *Aptenodytes forsteri* 40, 41
회색곰 *Ursus arctos horribilis* 14
회색늑대 *Canis lupus* 14
흑새치 *Istiompax indica* 37
흡혈박쥐 *Desmodus rotundus* 20
흰고래 *Delphinapterus leucas* 12
흰동가리 *Amphiprion ocellaris* 9, 37
흰머리수리 *Haliaeetus leucocephalus* 17
흰바다제비 *Pagodroma nivea* 40
흰올빼미 *Bubo scandiacus* 12
히말라야번개깡충거미 *Euophrys omnisuperstes* 28
히말라야비단꿩 *Lophophorus impejanus* 28
히말라야산양 *Hemitragus jemlahicus* 28

글쓴이 닉 크롬턴

케임브리지 대학에서 박사 학위를 받은 동물학자이자 작가입니다. 영국 BBC 텔레비전·라디오 프로그램 전문 기자와 런던 자연사 박물관 연구원을 지냈고, 지금은 여러 출판사의 생물학 자문 위원으로 활동하고 있습니다. 지은 책으로는 《세상에서 가장 멋진 동물 아틀라스》, 《트라이아스기의 공룡들 Triassic Terrors》 등이 있습니다.

그린이 가이아 보르디치아

이탈리아 유럽디자인학교(IED)에서 공부한 뒤 어린이 책 일러스트레이터로 활동하고 있습니다. 어린이 책 《호기심쟁이 강아지 팀》, 《역에서 내려요 Down by the Station》, 《초콜릿 길 La strada di cioccolato》 등에 그림을 그렸습니다.

옮긴이 당연증

서울대학교 식물학과를 졸업했으며, 민음사 사이언스북스 편집장을 지냈습니다. 옮긴 책으로는 《세상에서 가장 멋진 공룡 박물관》, 《세상에서 가장 멋진 우주 박물관》 등이 있습니다.

구석구석 세계 지도와 함께 보는
동물 아틀라스

닉 크롬턴 글 | 가이아 보르디치아 그림 | 당연증 옮김

1판 1쇄 펴낸날 2019년 12월 15일 | 펴낸곳 (주)베틀북 | 펴낸이 강경태
편집 민점호 김상미 | 디자인 박성준 | 등록번호 제16-1516호 | 제조국 대한민국
주소 서울시 강남구 테헤란로84길 12 (우)06178 | 전화 (02)2192-2300 | 홈페이지 www.betterbooks.co.kr

The Amazing Animal Atlas
© Originally published in the English language as "The Amazing Animal Atlas" © Flying Eye Books 2017
Text by Dr Nick Crumpton.
Illustrations by Gaia Bordicchia.
Korean translation copyrights © Better Books, 2019
This Korean edition was published by arrangement with Flying Eye Books through Shinwon Agency, Seoul.
All rights reserved.

이 책의 한국어판 저작권은 신원 에이전시를 통해 저작권사와 독점 계약한 베틀북에 있습니다.
신 저작권법에 의해 한국 내에서 보호를 받는 저작물이므로 무단전재와 무단복제를 금합니다.

ISBN 978-89-8488-969-9 77490

이 도서의 국립중앙도서관 출판시도서목록(CIP)은 서지정보유통지원시스템 홈페이지(http://seoji.nl.go.kr)와 국가자료공동목록시스템(http://www.nl.go.kr/kolisnet)에서 이용하실 수 있습니다. (CIP제어번호: CIP2019045687)

주의사항 종이에 베이거나 긁히지 않도록 조심하세요. 책 모서리가 날카로우니 던지거나 떨어뜨리지 마세요.